ASSEMBLÉE PRIMAIRE
DU
CANTON DE NAMUR,
DÉPARTEMENT
DE SAMBRE ET MEUSE.

Séance du 1.er Germinal.

EN conformité de l'article 27 de la Constitution, les citoyens inscrits sur le registre civique de cette commune, au nombre de 654, se rendirent à l'église des ci-devant Récolets, pour se constituer en assemblée primaire. Conformément à l'article 20 de la Constitution, titre 2, article 1.er de la loi du 25 fructidor, chapitre 2, §. 1.er de l'instruction sur les assemblées primaires, lequel est ainsi conçu :

« A l'ouverture de la première séance, ceux
» des citoyens présens qui sont âgés de *soixante*
» *ans* et qui savent écrire, se réunissent au bu-
» reau, et reconnaissent les quatre plus âgés
» d'entr'eux. »

Les citoyens Tarte, Douchamps et Dechaveau,

A

hommes de loi de cette ville (que des plaifans ont eu la méchanceté de nommer les fouverains du peuple fouverain), tous trois âgés de *quarante ans* et au-deffous, fe réunirent au bureau, pour *appeller* les quatre plus âgés comme préfident et fcrutateurs, et le plus jeune comme fecrétaire provifoire.

L'âge défigna les citoyens suivans, pour occuper le bureau :

Dricot, préfident ; Gérard fils, fecrétaire ; Gérard père, maçon, Lafabrique, ci-devant notaire, et Sanslouis, pêcheur, fcrutateurs.

Cette opération étant terminée, *le préfident* déclare que la féance eft levée, et que l'affemblée fe réunira le lendemain matin à 10 heures, conformément au chapitre deux de l'inftruction fur les affemblées primaires, qui dit :

« A l'égard de la feconde féance et des fuivantes, » *l'affemblée* déterminera *elle-même* le moment » où elles devront commencer ».

Séance du 2 Germinal.

La féance étant ouverte, on procéda à la formation définitive du bureau. — C'était un beau jour ; l'air ferein et pur, le foleil monté fur l'horizon, et qui n'aurait dû luire que pour les amis de la liberté, répandaient la gaieté dans tous les efprits royaux ; la joie était à fon comble ; *le jeu des cartes* occupait une grande partie des fidels fujets de fa majefté impériale. — On fe difait à l'oreille, que les cartes étaient bien mêlées, le coup préparé, et qu'on ferait *fauter les carmagnoles*. On accufait de vrais patriotes d'avoir voulu enrôler pour leur compte ; mais ils font trop francs, pour être fufceptibles d'une bassesse qui ne convient qu'aux esclaves ; ce n'était qu'un stratagême de la part des accusateurs, pour détourner l'attention de leurs propres opérations. --- On parlait de domestiques, qui étaient munis de cartes civiques ; on se disait, tout bas, qu'il y avait de certaines personnes, qui avaient payés les trois livres de contribution exigées par la loi, pour de pauvres gens, afin qu'ils puissent se faire inscrire au registre. Ah! les belles âmes ! --- On prétendait que des voleurs s'étaient introduits, pendant la nuit, par une fenêtre à la municipalité, et avaient enlevé une partie des cartes civiques ; d'autres disaient que le dépositaire de ces cartes était un fort *honnête-homme*. --Chaque citoyen appellé au bureau, ayant déposé ses deux billets, et le ré-appel étant fini, on procéda au dépouillement du scrutin.

Le paragraphe 2, du chapitre 2 de l'instruction sur les assemblées primaires, dit :

« Les *scrutateurs* procèderont à haute voix au » dépouillement du scrutin, dont le résultat » est, &c. »

Les citoyens Douchamps, avocat, Dewandre, chirurgien, et deux autres citoyens, ont pris place au bureau, sans y être appellés ni par l'assemblée, ni par la loi, par conséquent, sans être revêtus de la confiance du peuple. On ignore les raisons qui les ont engagés à prendre cette *tâche pénible*, dont les trois scrutateurs désignés par l'âge et par la loi, étaient chargés.

Le §. 1.er du chapitre 2 de l'instruction, n'indique que *trois scrutateurs* ; il y avait donc sept scrutateurs, dont quatre *adjoints*, qui n'étaient revêtus d'aucun caractère légal ; leur opération était contraire à la loi, elle ne portait donc pas son empreinte. Ces quatre scrutateurs-adjoints ont donc usurpé un pouvoir, que personne ne leur pouvait accorder.

Le citoyen Douchamps a eu *la délicatesse* de marquer *ses propres suffrages* ; on sait qu'un *léger trait de plume se fait adroitement* ; cependant je ne veux point accuser de faux le citoyen Douchamps ; je connais trop peu ses qualités morales. J'avoue néanmoins, qu'au cas que la loi m'eût appellé aux fonctions de scrutateur, j'aurais eu trop de probité pour marquer ceux dont mes concitoyens m'auraient honoré ; j'aurais laissé ce soin à un autre pour éviter tout reproche. --- Ce procès-verbal ne peut faire aucune foi, puisqu'il a été fait, par des hommes que la loi ne connaît pas.

Le citoyen Bauer observe à l'assemblée cette infraction faite à la loi. Plusieurs membres soutiennent son opinion ; mais sur l'observation d'un de ces quatre scrutateurs, *que ça ne faisait rien à la chose* ; *que, d'ailleurs, ce n'était-là, le moment de parler sur cet objet*, on passa à l'ordre du jour, sans consulter l'assemblée. -- On commença à dépouiller les scrutins, et les quatre scrutateurs seuls décidèrent sur la validité ou non validité des suffrages. On trouve un billet contenant le nom de Dewandre, apothicaire. Un des scrutateurs arbitraires observe, qu'il existait deux individus de ce nom, tous deux apothicaires, et que, par conséquent, ce suffrage était nul. Plusieurs membres réclament contre cette annullation, se fondant sur ce qu'il n'y avait qu'un seul Dewandre, apothicaire, inscrit sur le registre civique. Le citoyen Bauer observe, que, conformément au chapitre 2, paragraphe 6 de l'instruction sur les assemblées primaires, ainsi conçu :

« Les suffrages, qui tombent sur un nom
» commun à plusieurs citoyens *éligibles*, sans
» aucune désignation directe ou indirecte de l'un
» d'entr'eux, ne doivent être appliqués à per-
» sonne. »

Le citoyen Dewandre ne pouvait être privé de ce suffrage, puisqu'il n'existait qu'un seul Dewandre apothicaire dans l'assemblée, vu que l'autre n'avait pas rempli l'obligation de se faire inscrire sur le regiſtre civique, ainſi qu'il eſt preſcrit par la loi, et qu'il était, par conſéquent, politiquement mort pour cette aſſemblée. Qu'au reſte, il ne pouvait être élu au bureau d'une aſſemblée dont il n'était pas membre, et que la loi en décidait aſſez clairement par l'expreſſion : *Citoyens éligibles*. Pluſieurs membres appuyent cette opinion ; pluſieurs autres parlent en ſens contraire. Les ſept ſcrutateurs ordonnent que ces ſuffrages, ainſi qu'à la ſuite pluſieurs autres de cette nature, ne ſoient point ajoutés au nombre de ceux, qui étaient attribués au citoyen Dewandre, mais que le ſecrétaire en tienne note, pour en diſcuter après. Il n'en fut alors plus queſtion. Un membre obſerve, que pluſieurs ſuffrages portaient l'expreſſion : *Tarte, avocat* ; qu'il exiſtait deux Tarte, tous deux avocats ; il demande en conſéquence, que les ſcrutateurs obſervent la même marche envers le citoyen Tarte, qu'envers le citoyen Dewandre. Cette motion n'a eu aucune ſuite.

A la ſuite du dépouillement, on remarque un phénomène un peu extraordinaire. Il a paru près de deux cents billets, qui ſemblaient tous tracés de la même main, du même papier, même format, contenant les mêmes noms, avec les mêmes attributs, et dans le même ordre. C'était une récitative continuelle: *Tarte, avocat; Douchamps, avocat; Dechaveau, avocat; Laloux, avocat; Dewandre, chirurgien.*

Vers la fin de la séance, on vit reparaître les hommes, sûrs de leur coup, environnés de leurs agens en chef et subalternes, se distribuer déjà les nouveaux rôles, et déjà parler, sans que le dépouillement du scrutin fût fini, ou son résultat connu, avec l'assurance la plus certaine de leurs opérations futures.

Cette séance ne provoqua d'autre sentiment dans le cœur de tous les hommes probes, amis de la liberté et de la république, que celui de l'indignation, en les convainquant que l'intrigue avait vaincu la bonne foi. Cette séance a prouvé aux républicains, que le fanatisme et le royalisme réunis, avaient tramé le renversement des principes de la liberté, que le patriotisme a scellé de son sang, et que des milliers de lâches de leur espèce n'oseront jamais attaquer, l'épée à la main, sans entendre, sur-le-champ, sonner le moment d'une mort certaine

Le résultat du scrutin a donné pour président, le citoyen Tarte, avocat; pour secrétaire, le citoyen Dechaveau, avocat; pour scrutateurs, les citoyens Douchamps, avocat; Laloux, avocat; Dewandre, chirurgien.

Séance du 3 Germinal.

Cette séance fut des plus orageuses; les royalistes, fiers de la victoire remportée la veille sur les républicains, se préparèrent à de nouvelles intrigues; l'énergie des républicains s'éveilla, et le despotisme, que les royalistes voulurent exercer sur eux, occasionna une lutte terrible.

Enfin, le patriotifme fe diftinguant toujours par une foumiffion complete aux loix, devait céder au nombre de fes ennemis, qui ne connaiffent ni loi, ni juftice, ni raifon, lorfqu'il s'agit de fatisfaire leurs paffions, ou d'exercer des vengeances perfonnelles.

Le citoyen Peftieaux, ayant remarqué que le procès-verbal ne faifait point mention de quatre fcrutateurs adjoints, demande la parole fur la rédaction; elle lui eft d'abord accordée. A peine avait-il commencé fon difcours, tendant à prouver que l'opération de l'affemblée de la veille était contraire à la loi, que le préfident l'interrompt, en lui déclarant, qu'il n'avait plus la parole, et qu'il voulait parler contre fa propofition. En même-temps, toute la clique royale entama les cris les plus effroyables, qui empêchèrent le citoyen Peftieaux de parler. Ils exécutèrent probablement un rôle, concerté la veille, dans leurs raffemblemens nocturnes Le citoyen Bauer demande également la parole fur cet objet; elle lui fut de même refufée par le préfident. La rédaction du procès-verbal fut adoptée par les membres du bureau, fans que l'affemblée en fût confultée.

Le préfident déclare, que la difcuffion était ouverte fur les membres ayant ou n'ayant pas droit de voter. Le citoyen Prêtot, fecrétaire de l'adminiftration départementale, obferva, que, pour parvenir à l'exécution de la loi fur les qualités requifes pour avoir droit de voter dans les affemblées primaires, il était indifpenfable de fe fervir, à cet effet, du regiftre civique, parce que les infcriptions énoncent l'âge, le domicile et les autres qualités exigées par la loi; que cette marche était la feule dont on pouvait faire ufage, pour éclairer l'assemblée sur les qualités de chaque citoyen, qui se présentait pour voter. Il fut observé, par le président, que cette méthode serait beaucoup trop longue. Aussitôt une foule immense, sans savoir pourquoi, et qui semblait avoir été payée pour ce jeu de marionnettes, cria : *Bravo*.

Le citoyen Bauer observe que l'ordre le plus naturel était celui de commencer à épurer le bureau ; le président, les scrutateurs et le secrétaire crièrent ensemble, qu'on avait aussi des observations à faire sur son compte ; leurs cris, répétés par les chouans, étouffèrent sa voix, et le président lui refuse formellement la parole -- Le secrétaire fit lecture de la liste alphabétique, et s'arrêta au nom du citoyen Bauer, puisque monsieur le président s'était proposé de parler contre lui.

Le citoyen Douchamps observe, que, conformément à la loi du 19 ventôse, article I.er, portant, qu'à l'égard des fonctionnaires publics ou de ceux qui ont une mission du gouvernement, le domicile ne se perd pas par plus d'une année d'absence, le citoyen Bauer n'avait pas perdu son domicile à Mayence, il conclut donc, qu'il s'y rende pour y exercer son droit de citoyen.

Conformément à l'article 3 de cette loi, portant que chaque fonctionnaire public, qui voulait acquérir domicile dans un canton, était obligé de se faire inscrire, un an d'avance, sur le registre civique, le citoyen Bauer, n'ayant pas rempli cette formalité, ne pouvait pas être admis à voter, puisque la loi était contre lui.

Le citoyen Bauer demande la parole, pour sa défense. Le citoyen Dechaveau crie, qu'il ne l'aurait pas, parce que la loi était très-claire.

Bauer : « J'invoque le paragraphe 3 du chapitre 2 de l'inftruction fur les affemblées primaires ».

Le Préfident : « Vous avez la parole ».

Bauer : « Et moi, citoyens, je parois fur la tribune, la loi à la main, pour défendre un des plus beaux droits, auquel j'ai tant de titres, et que j'ai acquis par tant de facrifices. Je demande, citoyens, que vous m'entendiez avec calme, et me jugiez enfuite, dans le filence des paffions, avec impartialité, quelques foient vos opinions politiques. L'importance que l'homme libre, qui préfère la mort à l'efclavage, doit mettre à l'exercice de ses droits politiques, vous convaincra que cette queftion mérite toute votre attention.

Je vous prouverai d'abord, que la loi du 19 ventôfe ne m'eft point applicable; enfuite, que je poffède toutes les qualités requifes par la loi, et enfin, que je ne fuis point étranger.

La loi du 19 ventôfe n'a pu avoir été rendue qu'en faveur des fonctionnaires publics, et fous la fuppofition de la poffibilité de fon exécution, et non pas comme punition pour ceux qui ont rempli une miffion du gouvernement, ou une fonction publique. L'exécution de l'article premier de cette loi eft, à mon égard, une impoffibilité abfolue, puifque Mayence, où était antérieurement mon domicile, est occupée par les ennemis de la république. Me vouloir exclure ici, fera me vouloir punir, fans avoir commis un crime, puifqu'on me priverait par là abfolument de l'exercice de mes droits politiques. Cette exclufion fera une peine pour moi, que le code pénal ne porte que fur des crimes très-graves ; et où il n'y a pas de crime, il ne peut pas y avoir de punition.

L'article 3 de cette loi, qui prefcrit, un an

d'avance, l'inscription sur le regiſtre civique, pour acquérir le droit de ſuffrage, n'a pu avoir ſon exécution avant l'exiſtence de ce regiſtre. Or je demande, que les officiers municipaux déclarent, depuis quand ce regiſtre exiſte. (*Les membres de la municipalité déclarent, que ce regiſtre n'exiſtait que depuis deux mois.*) Ma carte civique vous prouvera, citoyens, que je me ſuis empreſſé de remplir le vœu de la loi, auſſitôt qu'on m'en a fourni le moyen, c'eſt-à-dire, lorſque l'adminiſtration municipale fut inſtruite du devoir que cette loi lui impoſait, d'établir un regiſtre civique. Au reſte, celui qui demande un emploi, qui l'oblige de réſider dans un canton, qui l'obtient et qui s'y rend, n'a-t-il pas fait une déclaration très-formelle et de fait, qu'il était intentionné d'y fixer ſa réſidence. »

Il repaſſe enſuite les conditions preſcrites par la loi inſtructive ſur les aſſemblées primaires, pour avoir droit de voter, et tâche à prouver qu'il les réuniſſait toutes; mais il fut indigné, et avec lui tous les patriotes, lorſque, remarquant qu'il avait fait deux campagnes pour l'établiſſement de la république, qui l'exemptaient de payer une contribution, il entendait des cris effroyables d'une partie de la ſalle: *C'eſt un carmagnole, il s'eſt battu pour les français; f......le dehors; en bas; arrachez-le de la tribune*, &c. qui l'empêchèrent de continuer ſon diſcours.

Oui, repliqua-t-il, oui, je me ſuis battu pour la république, et je verſerai encore mon ſang pour elle, ſi elle a beſoin de mes bras. Croyez-vous, que j'aurais combattu pour acquérir la liberté et ce droit ſacré de ſuffrages aux autres? Croyez-vous que j'ai quitté patrie, fortune, et tout ce qui eſt attaché à mon cœur, pour venir ici, pour être ensuite votre esclave ? Non, je préfère mille fois, d'être esclave sous un despote, que parmi un peuple libre ; le malheur de tous donne au moins lieu à une consolation mutuelle. Je préfère d'être sujet du grand Sultan, que d'être Helot parmi les Spartiates « Le tumulte recommence, les cris redoublent, les chouans poussent des menaces, les patriotes se rallient à la tribune, en lui criant : Restez, restez, nous laisserons la vie pour vous ; on viole la liberté, la constitution, les lois, nous les ferons respecter ». Le citoyen Douchamps prend la parole, et insiste sur l'article 3 de la loi du 19 ventôse, qui prescrit l'inscription, un an d'avance, au registre civique. Le citoyen Bauer réclame le droit, qui accorde au défendeur toujours le dernier, la parole ; on la lui refuse, de même qu'à plusieurs autres qui veulent parler en sa faveur. (Nouveau tumulte). Enfin le président met aux voix plusieurs fois, la proposition de savoir, si le citoyen Bauer était exclu ou non, dont le résultat était plusieurs fois douteux, et finalement le président lui déclare qu'il était exclu de l'assemblée. Plusieurs voix le contre-disent, demandent l'appel nominal, et tâchent à engager le citoyen Bauer de rester. Celui-ci exhorte les républicains à la soumission aux lois, déclare que la loi lui ordonnait de se retirer, et qu'il aura recours au tribunal civil, qui lui rendra justice. Il se retire effectivement, après avoir lutté pendant plusieurs heures contre la cabale infernale du royalisme et de la chouannerie.

Séance du 4 Germinal.

Plusieurs membres réclament contre le citoyen Tarte, qui, comme administrateur et maire de la commune de Namur, n'a pas rendu ſes comptes, et qui eſt, par l'article 2 de la loi du 8 germinal, privé de ſes droits de citoyen. Il plut à Monſieur Tarte de leur impoſer ſilence. Un autre membre demande l'excluſion des nommés Joſeph Piquart et Lambert Piret, qui n'ont pas encore l'âge de 21 ans; il s'engage de remettre ſur le bureau l'extrait de leur baptême. Le préſident leur refuſe la parole. Le citoyen Bauer entre avec la ſentence du tribunal civil qui le réintégre dans ſes droits, on en fait lecture; tous les républicains: *Vive la République*. Le préſident: " Tous ceux qui crient vive la république, ſont des mauvais citoyens ,, *Dechaveau, ſecrétaire*. Tous ceux qui veulent parler contre la ſentence, ont la parole. *Bauer*: " je la demande. ,, *Dechaveau*: vous ne l'aurez pas. --- *Bauer*: " Ce n'eſt pas à vous, ni d'accorder ni de refuſer la parole à qui que ce ſoit; vous n'êtes que ſecrétaire, vous n'avez aucun autre pouvoir, que de coucher ſur le papier ce que l'aſſemblée vous dicte par l'organe de ſon préſident; je demande que l'aſſemblée rappelle ſon ſecrétaire à l'ordre ,, *Le préſident*: " Je déclare que je n'accorderai pas la parole, ni pour, ni contre la ſentence. ,, *Bauer*: " Je demande la parole pour une motion d'ordre ,, *Le préſident*: " En quoi conſiſte votre motion ,, ? *Bauer*: " Je vois qu'on ſe permet continuellement d'enfreindre la conſtitution et les lois, je veux faire quelques obſervations à cet égard ,, *Le préſident*: " Vous ne l'aurez pas ,, *Dechaveau* (hors d'haleine): " Vous ne l'aurez pas, vous ne l'aurez pas, vous ne l'aurez pas. ,, *Bauer*: " Je demande acte de refus. ,, *Le préſident*: " Vous ne l'aurez pas, la ſéance eſt levée ,, (*ſans avoir conſulté l'aſſemblée*). *Dechaveau*: " Vous ne l'aurez pas, vous ne l'aurez pas, vous ne l'aurez pas ,,.

Séance du 5 Germinal.

Un membre demande la parole pour faire une motion d'ordre, relative à un individu qui se trouvait à l'assemblée, n'étant âgé que de 19 ans, et ayant été reconnu comme déserteur. (*) *Le président:* " Je vous refuse la parole, je vous rappelle à l'ordre, je vous censure, je vous ferai mettre en prison, à la garde. ,, Et tout cela, pour avoir voulu invoquer l'exécution des lois. Le citoyen Pestieaux veut remarquer, que conformément au §. 6 de la loi instructive, le président n'avait pas le droit de censurer, ni de menacer de prison, sans avoir consulté l'assemblée, ceux, qui veulent manifester leur opinion; que le président n'avait aucun pouvoir que celui que l'assemblée lui accordait, et que celle-ci ne pouvait jamais donner de pouvoir contraire aux lois. Envain le citoyen Pestieaux invoquait les lois, on refuse de l'entendre; le président, sans consulter l'assemblée, abandonne son fauteuil pour faire entrer la garde. Le tumulte s'élève; les républicains, indignés de ce procédé, crient à l'oppression; un grand nombre de lâches royalistes prennent la fuite.

Le calme enfin rétabli, on procéda à l'organisation définitive des bureaux, et on joignit deux scrutateurs à ceux désignés par la loi, pour se charger du dépouillement du scrutin.

Séance du 6 Germinal.

Tous les préparatifs étaient faits, pour jetter le désespoir complet dans les ames de tous les

---

(*) Il s'appelle Picard; il a déserté d'un régiment d'artillerie, où il a servi. Il a été arrêté en sortant de l'assemblée, et conduit au dépôt à Aix-la-Chapelle.

républicains. On avait, avec soin, répandu des bruits alarmans; on avait tâché d'éloigner les uns par des menaces, les autres par des insultes; plus de deux cents personnes masquées, devaient seconder ce projet, par un rassemblement hors la porte de cette ville. Le royalisme déploya toute son audace.

Tous les bureaux étant assemblés pour entendre la lecture de l'article 13 de la constitution, et ensuite la discussion sur la liste des candidats, désignés pour être électeurs, le citoyen Picard, militaire respectable de cette commune, qui, à cause de ses blessures, avait reçu un congé absolu, demande la parole sur cet objet. Le président la lui refuse, le rappelle à l'ordre, le censure, l'exclut des séances de l'assemblée, fait entrer la force armée pour l'arrêter; et tout cela contre le vœu de la loi, et sans avoir consulté l'assemblée. Le tumulte et le désordre règnent; on se range en ordre de part et d'autre, et sans l'esprit d'obéissance aux lois, sans l'amour des républicains pour l'ordre et la tranquillité, ce jour aurait été funeste aux royalistes.

Les citoyens Chanteau, commissaire du directoire près l'administration centrale, Lerat, administrateur, et plusieurs autres membres veulent parler; on leur refuse brusquement la parole, et on procède rapidement à l'élection des électeurs. On assure qu'au dépouillement du scrutin, on a trouvé plusieurs bulletins imprimés, contenant les noms de Tarte, Lecoq et Dewandre. Depuis cette séance, les patriotes se voyant vaincus par le nombre de leurs ennemis, et par l'injustice du bureau, n'ont plus fréquenté l'assemblée.

RÉFLEXIONS.

Ceux qui ont vu de près, s'entamer ces vastes projets, qui en ont suivi les traces, rassemblé et combiné les faits et les différens événemens, qui ont eu lieu dans nos environs, seront convaincus à l'évidence, de l'exiftence d'un grand plan, d'éloigner les patriotes, sans distinction, des fonctions publiques. Les mains habiles, qui l'ont tracé, la vitesse avec laquelle chaque branche se déploya, la hardiesse avec laquelle il fut successivement exécuté, la réussite assurée de chaque partie, prouvent suffisamment que c'eft une main invisible, qui dirigea l'ensemble. Je demanderai à ceux qui en osent manifester quelques doutes : 1°. comment se fait-il, que les étatistes et les royalistes, jadis les ennemis les plus acharnés, se sont aujourd'hui coalisés contre les républicains, et opèrent en si bonne harmonie? Pourquoi des hommes, qui n'aguères abandonnèrent leur patrie, sont-ils aujourd'hui les premiers à solliciter ses faveurs? Comment se fait-il que les hommes, qui, il y a peu de temps, refusèrent le serment civique, ne font plus aujourd'hui aucun scrupule de le prêter? Comment se fait-il, que des hommes attachés à la maison d'Autriche, les défenseurs zélés des principes monarchiques, sont si rapidement métamorphosés en républicains? D'où vient enfin cette assurance, avec laquelle on annonça toujours, avant la séance même, le résultat du scrutin? Celui, qui jadis fut l'ennemi juré du peuple, peut-il être aujourd'hui son ami? Ou, sont-ils républicains, ceux qui se servent des principes de la liberté, pour opprimer ceux, qui sont depuis long-temps connus, pour les défenseurs les plus zélés de la république? Enfin le despotisme, que ces êtres exercèrent dans nos assemblées, sur tous les patriotes, l'oppression la plus criante qui y régnait, m'ont assez convaincu du contraire. Ce n'est pas au milieu du tumulte et des mouvemens convulsifs des passions, qu'on discute les intérêts du peuple. C'est ainsi que se manifestent les symptômes de la cabale. Le calme et la tranquillité produisent la réflexion, et de-là la sagesse des choix. Tout homme doit être écouté avec sang-froid, quand même son opinion seroit erronée, et on est toujours à temps de revenir contre l'infraction faite aux loix. Laissez au peuple sa pleine et entière liberté, sans employer ni moyens de persuasion ni de corruption, et il saura toujours distinguer ses vrais amis. A-t-on observé ici ces règles que la sagesse, la loyauté, et l'amour du bien public prescrivent? Que ceux qui ont vu, depuis quelque temps, courir de certains personnages, des journées entières sur la grand'place, dans les rues et autres places publiques, et aborder les passans; que ceux, qui ont recruté ou mendié des suffrages, assisté au grand conseil, etc. fassent la réponse?

Quelle est donc cette main infernale qui a tracé ce plan liberticide?

Rappellez-vous, ô nos concitoyens, que l'empereur a établi à Vienne une commission de six membres, les ennemis les plus implacables de la liberté, chargés des affaires de la Belgique! Rappellez-vous, qu'il a établi en outre, sous ses auspices, une commission spéciale de deux membres, dans la ville de Frankfort, chargé de diriger les opérations des assemblées primaires de la Belgique, et vous serez alors plus instruits.

Quelques traits de la biographie des personnages, qui ont été choisis par l'assemblée primaire de cette commune.

1°. *Le citoyen Tarte, avocat, président de l'assemblée primaire, et choisi électeur.* On le dit grand adorateur de l'archiduchesse Christine ; on ajoute qu'il est allé à cheval à sa rencontre, lors de son entrée dans la Belgique, en 1791 (v. s.), en lui présentant une ode, où il fait l'éloge de cette auguste personnage, et vomit toute sa colère contre les français. Ce chef-d'œuvre de poésie est, dit-on, inséré dans *l'Esprit des Gazettes* du mois de mars, même année. Il était émigré lors de la première entrée des français ; et lors de la seconde, il avait déja emballé ses effets, pour prendre de nouveau la fuite. Il a été nommé le 8 vendémiaire, an 3, substitut agent national, et, de suite, le 11 brumaire, *maire* provisoire de cette commune. Par arrêté des représentans du peuple, en date du 24 frimaire, même année, il fut appellé aux fonctions d'administrateur de l'arrondissement de Namur. Il n'a pas rendu les comptes exigés par la loi. L'article 2 de la loi du 8 germinal, prive tous ceux, qui n'ont pas satisfait à cette obligation, de l'exercice de leurs droits de citoyen, par le seul retard. Il a été encore spécialement ordonné, par l'article 10 de l'arrêté des représentans du peuple du 11 fructidor, et par celui du 25 frimaire, de rendre les comptes exigés par la loi. L'article Ier de ce dernier, ordonne, que les membres, qui ont composé les administrations d'arrondissement, rendront leurs comptes entre les mains des administrateurs de département. -- Ce compte sera divisé en celui de *gestion* et celui de *finances* ; il devra être rendu endéans deux décades, à peine d'être poursuivis comme *mandataires infidels* et comme *détenteurs des deniers publics*.

Il est parvenu ensuite à se faire nommer commissaire du Directoire exécutif près le tribunal de ce département, d'où il a été destitué par arrêté du Directoire exécutif, dans le courant du mois de floréal, an 4. Voici comme le citoyen Boutteville, commissaire du gouvernement près les neuf départemens réunis, dans sa lettre du 24 floréal, à l'administration départementale, s'explique à son égard :

« *Vous concevez, combien il est contraire aux intérêts de la République, qu'un tel poste continue d'être occupé par un sujet, que le gouvernement n'a plus jugé digne de sa confiance ; et vous êtes plus que personne, instruits de la force des raisons, qui l'ont déterminé* ».

Au lieu de requérir l'exécution des lois contre quelques émigrés rentrés, il a pris leur défense.

Nous avons vu plus haut sa conduite pendant les séances de l'assemblée primaire.

2°. *Dechaveau, secrétaire de l'assemblée*, le digne collègue du citoyen Tarte, dont il était substitut-commissaire, destitué avec lui, pour les mêmes raisons, et parent d'émigré.

3°. *Douchamps, scrutateur*. Royaliste et parent d'émigré, comme il avoue lui-même dans sa lettre du 12 germinal ; il a été nommé juge ; mais probablement le serment l'a engagé de donner sa démission.

4°. *Laloux, avocat, scrutateur*. Etatiste.

5°. *Dewandre, chirurgien, scrutateur, & choisi électeur*. Il étoit émigré, et n'est rentré que les derniers jours accordés par la loi. Il fut employé en qualité de chirurgien, pendant la révolution brabançonne, à Bouvignes, où il exerça son métier en sciant bras et jambes à un nombre de soldats. Il fut seul possesseur d'un remède universel, consistant dans un bouillon de sa composition. Il a refusé de signer son inscription sur le registre civique.

6.º *Lecoq*, avocat, *électeur*. Autrefois fiscal, ensuite membre du congrès souverain belgique. Il prit parti à la révolution brabançonne, où il joua un grand rôle. On dit, qu'accusé de trahison à la chose publique, il avait manqué d'être pendu par le peuple, s'il n'avait pas évité le danger par la fuite, le 24 novembre 1790 (v. s.)

Officiers municipaux.

Les citoyens *Leclercq*, sculpteur, *Dubois fils*, avocat, tous deux ci-devant municipaux, et suspendus de leurs fonctions, ensuite d'une lettre du ministre de la police, en date du 23 nivôse, par arrêté de l'administration centrale, en date du 28 nivôse dernier. *Lecoq*, rentier, de *Lanbois*, rentier, *Stevart junior*, avocat, *St. Hubert de Dinant*, qu'on dit avoir servi dans les émigrés ; nous ignorons encore si le fait est vrai. *Akermann fils.*

Il est important pour le public de connaître ses magistrats ; nous invitons, en conséquence, les citoyens qui ont l'un ou l'autre renseignement sur les personnes ci-dessus désignées, de nous les communiquer, signés de leurs mains, et dont ils s'engagent de fournir les preuves.

Si les citoyens dénommés se trouvent offensé par ma franchise, je les invite, de faire de même à mon égard, de rassembler des faits, tant sur ma conduite morale que politique, et de les publier ; mais des faits, et non pas des déclamations.

Namur, le 12 germinal, an 5 de la République une et indivisible.

BAUER, Juge au tribunal.

A Namur, de l'Imprimerie de J.-F. STAPLEAUX, fur le Marché de l'Ange, N°. 644.

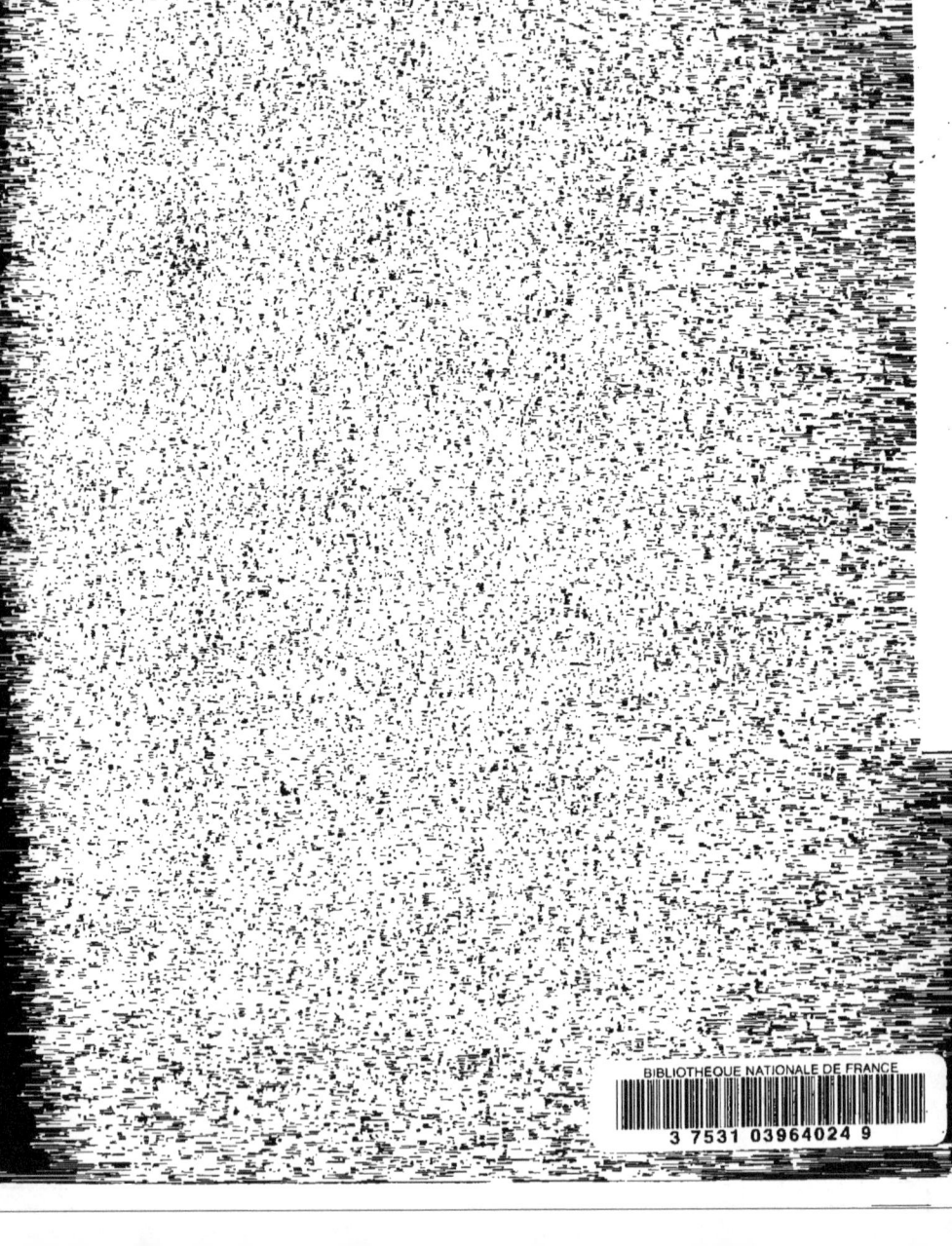